RÉFUTATION

DE L'ÉCRIT

DE M. LE COMTE DE MONTLOSIER,

INTITULÉ :

MÉMOIRE A CONSULTER.

IMPRIMERIE DE C. J. TROUVÉ,
rue des Filles-Saint-Thomas, n. 12

RÉFUTATION

DE L'ÉCRIT

De M. le Comte de Montlosier,

INTITULÉ :

MÉMOIRE A CONSULTER.

PAR M***.

A PARIS,

Chez
C. J. Trouvé, Imprimeur-Libraire, rue des Filles-Saint-Thomas, n° 12 ;
Ponthieu, Libraire, Palais-Royal, galerie de bois ;
Delaunay, Libraire, Palais-Royal, galerie de bois.

1826.

RÉFUTATION

DE L'ÉCRIT

DE M. LE COMTE DE MONTLOSIER,

INTITULÉ:

MÉMOIRE A CONSULTER.

Nous avons vu avec une profonde douleur le scandale qu'a produit l'écrit intitulé : *Mémoire à consulter, sur un système religieux et politique, tendant à renverser la religion, la société et le trône*, par M. le comte de MONTLOSIER ; néanmoins, nous eussions laissé l'auteur jouir paisiblement de son *triomphe*, si le poison dont cet ouvrage est rempli, n'avoit commencé à se répandre parmi des personnes bien pensantes, mais d'un esprit foible.

Dans un temps ordinaire, un pareil écrit n'eût fait que soulever l'indignation des honnêtes gens, et le sourire de la pitié de tout le monde. Aujourd'hui, il a excité un enthousiasme frénétique; toutes les trompettes du libéralisme se sont mises en émoi; elles ont fait bondir de joie la cohorte révolutionnaire, tandis qu'elles portoient l'effroi dans l'âme des bons royalistes. Déjà la troisième édition de ce livre est épuisée; on nous menace qu'il ira jusqu'à la sixième, honneur réservé à tout écrivain qui voudra travailler à l'anéantissement de la religion et de ses ministres, saper les fondements du trône légitime, et prêcher la révolte, toujours en protestant de ses excellentes intentions, et prenant des circonlocutions capables de faire croire aux dupes qu'on ne combat une chose que pour mieux la défendre.

Il seroit facile de composer un gros volume, si nous voulions compulser les livres qui ont trait aux Jésuites, pour en extraire tout ce qu'on y trouve d'honorable pour cette illustre compagnie, et tout le bien dont l'humanité lui est redevable. Nous nous bornerons à dé-

montrer l'inconvenance de l'écrit en question,
et à mettre les lecteurs à même d'apprécier les
motifs qui ont pu guider l'auteur dans une telle
entreprise, par la réfutation de quelques pas-
sages, les seuls qui soient susceptibles de sup-
porter l'analyse : car, sur les 339 pages que
contient le *Mémoire à consulter*, il n'y en a
qu'une quarantaine qui aient rapport aux congrégations et aux Jésuites, contre lesquels l'attaque
paroît spécialement dirigée. Le reste est em-
ployé à des raisonnements sur la religion et les
prêtres, que l'on retrouve partout ; à argumen-
ter, par supposition, sur le prétendu envahis-
sement du clergé ; tactique dont se servent avec
succès les écrivains révolutionnaires, mais qui
assurément ne convenoit point à M. de Montlosier. Quelle bonne foi, en effet, de menacer
la France constitutionnelle du gouvernement
des prêtres ! eux qui, dépouillés aujourd'hui
des richesses qu'ils possédoient jadis, reçoivent
leur subsistance de l'Etat, qui les paie sur les
caisses du trésor royal, ainsi que des préposés aux

gabelles; n'ayant aucune influence morale sur le peuple, obligés d'avoir sans cesse recours à l'intervention de l'autorité civile pour en être protégés dans les fonctions de leur saint ministère. N'est-ce pas aussi se moquer du bon sens public, que de prêter au pape le desir de commander aux rois, chercher à les effrayer de sa puissance, quand lui-même ne peut se soutenir que par eux, qu'un souffle de leur volonté le feroit disparoître. Au temps où nous vivons, la force matérielle décidant de tout, pour exiger l'obéissance de celui qui a deux cent mille hommes sous les armes à sa disposition, il faut pouvoir lui en opposer le double.

Des réflexions si justes et si naturelles ne conviennent point aux révolutionnaires : la raison leur est en horreur. L'ordre de choses présent ne se prêtant point à leur système d'accusation envers la religion et les trônes légitimes, ils exhument des siècles passés des faits appartenant aux mœurs et aux lois de diverses époques de notre histoire, afin d'en composer un corps de délit contre ce qui existe aujourd'hui. Avec cela, on sent bien qu'il seroit facile de mettre tout le genre humain en état de prévention.

M. de Montlosier débute par demander pardon aux libéraux de les avoir appelés révolutionnaires : il convient par-là qu'il lui arrive de n'être pas modéré. Si, en faisant abstraction des intentions personnelles, cet écrivain n'avoit entendu faire l'application de cette épithète qu'aux résultats de leurs doctrines, il eût été juste envers les choses, sans insulter aux hommes ; il ne se fût pas condamné à faire amende honorable pour ce qu'il avoit dit naguère, et prouver ainsi qu'il fut irréfléchi alors ou qu'il l'est maintenant, puisque les libéraux n'ont, depuis, ni changé ni modifié leurs principes politiques.

Ce ne sont pas les hommes qu'il faut combattre, mais les doctrines. Lorsque des circonstances extraordinaires ont créé dans la société un surcroît de besoins et d'ambitions qu'il est impossible au Gouvernement de satisfaire, les mécontents ne manqueront jamais d'organes pour exhaler hautement leurs plaintes et leurs desirs : il importe donc fort peu que ce soit Pierre ou Paul qui se présente pour leur servir d'interprète. Ce qu'il y a de mieux à faire, c'est d'instruire l'autorité supérieure du vice existant dans les entrailles du corps social, et lui indiquer les moyens d'y remédier, sans toucher aux hommes, si ce n'est pour accroître leur bonheur.

Les libéraux ont daigné accorder à M. de Montlosier le pardon qu'il a sollicité, en faveur du service signalé qu'il vient de leur rendre ; ils l'ont prôné, loué, exalté à outrance : mais s'il pouvoit savoir à quel point il est tombé dans leur esprit, je suis persuadé qu'il regretteroit de n'être pas demeuré l'objet de leurs amères censures.

Avant d'entrer en matière, cet écrivain se demande quel nom il faut donner à son entreprise ; il peut être assuré qu'après avoir parcouru son ouvrage, personne ne sera embarrassé sur le choix : il a pris soin de ne nous laisser que la peine de prononcer le mot. Les gens sensés seront d'avis qu'au lieu de soumettre son livre aux méditations des jurisconsultes, il eût mieux fait de se livrer lui-même à une consultation de docteur en médecine. Comment qualifier ce bizarre amalgame des saints, au milieu des choses saintes, visant au renversement de la religion, de la société et du trône; la vertu être vertu et crime à la fois; la piété, athéisme; Sa Sainteté (le pape), qui est en effet sainte, préméditant le malheur de l'univers? *Un ordre religieux qui a pu, dit-on, commettre des fautes, mais qui est venu en France à l'effet de réparer*, mais pourtant qui veut détruire; *des prélats, des bons prêtres, dignes confesseurs de la foi, qui verseroient leur sang pour la religion et pour le Roi*, conspirant la perte de la religion et du Roi; comment, dis-je, ne pas voir à cela les symptômes d'une cervelle dérangée?

Passons maintenant aux faits accusateurs

contre la vaste conspiration que M. de Montlosier connoît à fond, puisqu'il déclare avoir
assisté à sa naissance, l'avoir suivie dans ses dé-
veloppemens et observée dans ses ramifications.
Cela étant, nous devons lui savoir gré de l'avoir
signalée à l'opinion publique et déférée aux tribunaux; car il faut que justice se fasse, même
envers les hommes saints que notre auteur
chérit et *respecte ;* son amour pour la religion
et le trône l'emporte sur ses affections. Toutefois, le danger doit être bien imminent pour
exiger de lui un pareil sacrifice : nous allons le
voir. Frémissons du tableau des faits et crimes
qu'il va dérouler à nos yeux. Il parle, silence !
écoutons : « La puissance mystérieuse, qui, sous
le nom de congrégation, figure aujourd'hui sur
la scène du *monde* (le royaume de la lune y est
probablement compris), me paroît aussi con-
fuse dans sa composition que dans son objet,
dans son objet que dans son origine. Il m'est
aussi difficile de dire avec précision ce qu'elle
est, que de montrer, au temps passé, comment

elle s'est successivement formée, étendue, organisée. Je dis *organisée*, avec cette restriction
que quelquefois son corps est entier, et alors
on y voit un tronc et des membres ; d'autres
fois une partie de ses membres s'en retire (c'est
une véritable fantasmagorie) ; il paroît comme
mutilé. Le corps lui-même s'est composé de
manière à pouvoir, quand cela lui convient,
se dissiper comme une ombre (ce qui est fort
commode) ; et alors on s'interroge pour savoir
s'il est vrai qu'il existe une congrégation (je le
crois sans peine). Son objet n'est pas moins difficile à déterminer, que sa nature. » Voilà le
réquisitoire sur lequel les tribunaux devront
prononcer l'extermination des choses et des
hommes saints.

Après un si beau début, on sent que notre
auteur n'a garde de lâcher un ennemi qu'il a si
bien saisi. « Le 20 mars, continue-t-il, ne l'af-
foiblit pas (la congrégation) ; au contraire, il
en ranima le zèle ; il lui donna surtout une
couleur politique. C'est alors que se formèrent,

soit avec tous les mouvements du Midi, soit avec toutes les Vendées partielles qui s'élevèrent, des liaisons qui ont subsisté depuis. » Avec un tel précédent et une telle association, on comprend à merveille combien la congrégation est dangereuse pour le trône et la religion; combien il appartenoit à un bon royaliste de la vouer à la vengeance révolutionnaire. On a parlé dans un temps d'un comité directeur bien autrement redoutable; mais je ne sache pas que les libéraux l'aient jamais dénoncé. Pauvres royalistes !

Cette congrégation, qui n'avoit pas cessé d'exister, ne tarda guère à se manifester par de nouveaux forfaits. C'est encore M. dé Montlosier qui va nous les raconter : « L'ordonnance du 5 septembre, ayant entraîné le Gouvernement dans une direction anti-royaliste, se rapprochoit de plus en plus de la révolution; chaque jour le péril devenoit imminent. Dans cette extrémité, où les grands efforts étoient devenus nécessaires, on s'appela de tous çatés, on s'excita, on se réunit. Dans toutes les villes du second et du troisième ordres, dans la capitale, à la cour, les affiliations se multiplièrent; une correspondance secrète fut organisée dans toutes les parties du monde; les postes furent si bien distribués, que, dans les provinces les plus éloignées, la congrégation étoit informée de divers événements qui souvent n'étoient connus du Gouvernement et consignés dans le *Moniteur* que huit jours après. » Quelle horreur! Quoi! lorsqu'un ministère imprévoyant fournissoit aux malfaiteurs les moyens de nous replonger dans l'anarchie, des honnêtes gens osoient se réunir pour empêcher ces bons révolutionnaires d'accomplir le grand œuvre! C'est une abomination! Jamais la récrimination ne fut plus légitime! En vérité, je suis quelquefois tenté de croire que M. de Montlosier a voulu mystifier les libéraux, qu'il a eu la secrète intention de produire un effet tout contraire à celui qui en est résulté.

Car moi, qui n'avois nullement connoissance

des Jésuites et des congrégations, pourtant ils auroient bien pu m'y agréger, y ayant, selon l'auteur que je réfute, admis des hommes et des femmes de la lie du peuple, depuis que j'ai lu le *Mémoire à consulter*, je me sens un penchant décidé pour eux.

Voulez-vous savoir si les congrégations s'occupent encore de politique? M. de Montlosier vous répondra aussitôt : « Des personnes dont je ne saurois suspecter la véracité, m'ont assuré qu'à la suite des missions de cette année, il y a eu des congrégations toutes pieuses dont elles faisoient partie, et qui n'avoient aucun objet politique. Je réponds à cela que ce que j'affirme du passé est *certain*, et ce qu'on m'allègue au présent l'est sans doute de même. » Pour terminer l'incertitude, il a pris le sage parti de les dénoncer positivement comme s'occupant à renverser la religion et le trône, à livrer les ministres de Dieu au mépris de leurs concitoyens, et à la rage des monstres qui brûlent de renouveler les massacres du 2 septembre.

Ah ! s'il pouvoit savoir les fureurs qu'il a révcillées, je suis persuadé qu'il en seroit effrayé ! Apparemment il juge le parti auquel il vient de sacrifier, par quelques personnes bien élevées qu'il aura fréquentées ; et que le dépit de l'ambition déchue a jetées au milieu des rangs où elles ne devroient point figurer : c'est la queue qui est cachée derrière ces messieurs qu'il faut voir, et une fois le branle donné, elle maîtrise bientôt la tête. Malheureusement, il y en a bien d'autres qui, comme lui, croient connoître la société, en l'étudiant dans les salons, jugent de tous les hommes par eux, et font de la politique d'après l'inspiration de leur cœur généreux. Avec ces données-là, on caresse la chimère, qu'une révolution s'opéreroit sans déchirements ; je pense, au contraire, que si nous en éprouvions une nouvelle, celle dont nous avons été témoins n'en seroit que la foible esquisse.

Un célèbre publiciste a dit qu'il n'étoit point rare de voir une nation sortant de révolution,

2

être plus florissante que jamais. La raison en est que les vieux ressorts, s'étant fondus et retrempés au milieu de l'incendie, ont acquis plus de force. Mais il ajoute que si, dans l'intervalle d'un siècle, une seconde crise venoit à la surprendre, elle succomberoit infailliblement.

En 90, le peuple conservoit encore quelque chose de nos anciennes mœurs, et un certain respect pour les hommes que la naissance semble plus particulièrement destiner à commander. Aujourd'hui chacun, dans sa pensée, se croit l'égal d'un autre, quelle que soit la distance du rang qui les sépare. Dans un premier moment de trouble, ceux qui se trouveroient sur les degrés inférieurs de l'échelle sociale, s'attacheroient aux personnes qui figurent au sommet, pour les en culbuter ensuite et prendre leur place. On se fie vainement sur l'autorité d'un nom illustre ou l'utilité de grands talens; les nouveau-venus croiroient fort bien pouvoir s'en passer : on a toujours assez de talent pour détruire.

C'est également dans les vues d'être utile à la religion et aux hommes saints, que M. de Montlosier *chérit* et *respecte*, qu'il extrait des phrases, voire même des expressions passées inaperçues au milieu de longs discours prononcés à la Chambre des Pairs, ou à l'occasion d'une solennité, pour accuser, à l'aide de fausses interprétations, les intentions des plus vénérables prélats dont l'Église s'honore.

L'auteur du *Mémoire à consulter*, en nous annonçant qu'il connoissoit dans toutes ses ramifications la prétendue conspiration, sembloit nous promettre du nouveau, et voilà que le seul fait qu'il précise a déjà servi, pendant deux ou trois mois, de thème aux fallacieuses déclamations des feuilles libérales : je veux parler du mandement de Mgr l'archevêque de Toulouse, que les théologiens de l'école moderne ont trouvé irrévérent envers la déclaration de 1682. Cette déclaration n'étant pas un point de dogme, mais simplement une opinion, rentre, d'après notre loi fondamentale, dans le domaine de la

polémique. Nos adversaires, qui usent journel-
lement de ce droit pour la commenter à leur
manière, le refusent à un prince de l'Église :
voilà de la justice à la façon de ces Messieurs.
Bien plus, l'opinion émise en cette circonstance
par Mgr l'archevêque de Toulouse, lui étoit personnelle, puisque le reste du clergé de France
n'a point pris fait et cause. En admettant qu'il
se soit trompé, son erreur n'est qu'un accident
ordinaire, et inhérent à la foiblesse de l'intelli-
gence humaine : d'ailleurs, les tribunaux, gar-
diens vigilants des prérogatives de la couronne,
l'ayant censuré, tout s'est terminé là; et je
pense que la conduite de nos magistrats a plutôt
été guidée par le desir d'éviter la discussion de
pareilles matières, que pour improuver le vé-
nérable prélat.

Mais si nous avons des pouvoirs constitués
qui veillent incessamment au maintien des
droits du trône et de nos institutions, le péril
n'est pas si grand que certains esprits turbulents
voudroient le persuader. Seroit-il raisonnable,

parce que la justice punit chaque jour des in-
dividus de toutes les classes de la société, de
condamner tout le monde? Cette constante activité, de la part des tribunaux, à réprimer les
délits commis partout où ils se trouvent, ne
suffit pas à l'auteur du *Mémoire à consulter*,
ou plutôt à ceux qui le poussent; il voudroit encore qu'ils punissent les hommes qui peuvent
les commettre. Ainsi, comme il seroit dans les
choses possibles que cet écrivain faillisse demain, on devroit, suivant sa maxime, parer à cet
inconvénient en le pendant aujourd'hui! Il ne
se borne pas à accuser leur lenteur, il blâme
aussi leur négligence à ne porter aucune attention sur les délits qu'il dénonce. N'est-il pas
naturel de penser que toute la magistrature
voit, sans s'émouvoir, conspirer ouvertement
contre la religion, la société et le trône, ou
qu'elle n'aperçoit point cette conspiration fla-
grante qui offusque si fortement les yeux de
M. de Montlosier?

Il prétend qu'au moyen des congrégations

il se forme de nouvelles habitudes, de nouvelles
mœurs, et en quelque sorte un nouveau peuple
au milieu de l'ancien peuple. J'ignore quelles
sont les nouvelles habitudes et mœurs que les
congrégations formeraient en France; mais je
sais bien que celles qui nous ont été léguées par
la révolution auroient besoin d'être changées, ou
tout au moins modifiées. Il n'y a guère que les
amateurs d'anarchie et leurs dupes qui souhai-
teroient conserver celles qui ont fait fondre sur
notre patrie un déluge de calamités. Enfin ce publiciste, voulant jusqu'au bout captiver la bien-
veillance des libéraux, assure que *la majorité
royaliste et religieuse de la Chambre législative
de 1815 avoit tellement discrédité par ses
bégues les opinions royalistes et religieuses,
que le zèle religieux et royaliste de la congrégation eut peu de faveur en France;* ce qui ne
l'empêche pas d'être très-puissante et très-dan-
gereuse.

Il y a des gens qui voient des Jésuites partout; moi, dussé-je passer pour un ...., je

déclare sur mon âme et conscience que je n'en vois nulle part; si le hasard m'en fait rencontrer, j'avoue que je n'en serai pas trop effrayé. Il est à peu près avéré qu'il y a des prêtres réunis à Saint-Acheul et à Montrouge, qui se vouent à aller prêcher la parole de Dieu et à l'éducation des jeunes gens que les parents veulent bien confier à leurs soins. Mais sont-ce là des Jésuites? Non, assurément: cette société ayant été dissoute en France, ne peut être rétablie que par une loi; cette loi n'existant pas, il n'y a point de Jésuites en France. Les prêtres de Saint-Acheul et de Montrouge auroient beau s'en donner le nom entre eux, il n'auroit aucune signification, puisqu'ils ne sauroient le produire en dehors sans encourir les peines prononcées contre toute société clandestine. Ces cénobites, que l'on daigne par anticipation qualifier de Jésuites, travaillent, dit-on, sans relâche à se faire réhabiliter! La chose est très-possible. Chaque individu a ses vues, ses projets qu'il cherche à faire prévaloir dans son intérêt privé, dans celui du corps auquel il appartient, ou dans l'intérêt général. Le Gouvernement, composé de trois pouvoirs établis par la Charte, chargé de vérifier les diverses prétentions qui lui sont adressées, les admet ou les rejette, suivant que l'utilité lui en est démontrée. Conséquemment, s'il arrive que les ministres du Roi viennent présenter aux Chambres une loi pour le rétablissement des Jésuites, nous nous enquerrons aussitôt si elle est conçue de manière à leur donner le privilége de *renverser la religion, la société et le trône.* S'il ne s'agit que de leur accorder la faculté d'éduquer nos enfants, tous les vrais amis de la monarchie et de la morale leur diront : Soyez les bien-venus. Seulement, ils exigeront qu'ils leur enseignent les doctrines exactement conformes à l'esprit des institutions qui nous régissent. Nul aujourd'hui en France, le clergé compris, ne voudroit que son Roi fut le très-humble sujet du pape; de même que Sa Sainteté ni le clergé ne seroient, je pense, disposés à se charger de nous gouverner, d'administrer nos finances et commander nos armées. Si, dans les siècles passés, nous avons vu des hommes d'église diriger le conseil du Roi; pour cela la France n'étoit pas plus gouvernée par les gens d'église qu'elle ne le seroit par les bouchers, s'il arrivoit qu'un membre de cette corporation devînt premier ministre de Sa Majesté.

Les Jésuites, m'objectera-t-on, promettront d'abord tout ce qu'on voudra, pour ensuite fausser leurs serments. J'ai déjà fait observer qu'avec des suppositions on mettroit le genre humain en accusation. Faudra-t-il se priver d'opérer le bien, dans la crainte qu'il en résulte du mal? car l'un et l'autre se touchent. Comment, sous un gouvernement représentatif et la liberté de la presse, des simples citoyens pourroient-ils éluder impunément les obligations qui leur sont imposées? Comment le souverain, qui tient dans ses mains toutes les forces réunies de l'État, pour les faire servir au bonheur

général, et réprimer tous les empiétements il-
licites, n'auroit-il pas celle de contenir des
Jésuites dans les limites qui leur seroient pres-
crites ? Mais est-il vrai qu'ils auroient l'intention
de les outre-passer ? Ecoutons, à cet égard, M. de
Montlosier, qu'on ne taxera point de partialité
envers eux. : *Les Jésuites d'aujourd'hui,* dit-
il, *ne sont plus animés de l'esprit d'autrefois ;
ils sont tolérants, imbus des meilleurs principes, religieux, sincèrement attachés au prince,
au bon ordre, au bien-être public....* Malgré
cela, il n'en faut pas moins les exterminer, at-
tendu que, c'est encore M. de Montlosier qui
va parler, « les loups sont, en général, d'assez
mauvaises bêtes ; ils dévorent les moutons, les
chiens, quelquefois les bergers. Et cependant
j'ai rencontré dans les maisons particulières
des jeunes louveteaux tout-à-fait familiers. Ces
louveteaux tout jeunes vous caressent, vous
lèchent : laissez-les grandir ! Rois de l'Europe,
l'institution des Jésuites vous lèche aujourd'hui,
vous caresse : elle est dans l'innocence de l'âge ;

laissez-la arriver à la puberté! laissez-la déve-
lopper son véritable caractère!.... Voilà, sans
contredit, un morceau d'éloquence admirable
et d'un goût exquis. Marat, qui s'en piquoit,
ne s'est jamais exprimé avec plus de grâce envers les ministres de Dieu. Ces plates et dégoû-
tantes horreurs ont été prônées par les feuilles
libérales; des feuilles royalistes les ont approu-
vées; aucune ne les a flétries.

Nous venons de voir qu'il n'y a point de
Jésuites en France; examinons maintenant
comment les prêtres réunis à Saint-Acheul
et à Montrouge pourroient la gouverner.
La France est régie par des lois qui sont con-
senties par les trois grands pouvoirs de l'Etat;
l'exécution en est dévolue au Roi, qui la confie
à des ministres, lesquels, chacun dans leur
département, ont des employés de toutes les
classes pour les aider à faire marcher le rouage
de l'administration publique. Dans cette organisation, je ne vois pas figurer les Jésuites pour
la moindre chose. Sans doute, dira-t-on;

mais ils la gouvernent de fait par l'influence secrète qu'ils exercent sur les hauts fonctionnaires et sur les personnages qui entourent le souverain. S'ils agissent secrètement, il est fort singulier qu'on se croie suffisamment instruit pour dresser contre eux un acte d'accusation en forme.

Pour maîtriser quelqu'un, il faut nécessairement avoir une supériorité quelconque sur lui, ou le tenir sous la dépendance par le besoin qu'il a de vous. Est-il vraisemblable que ces prêtres de Saint-Acheul et de Montrouge, n'ayant ni fortune, ni consistance sociale, ni autorité reconnue, exercent cette supériorité sur des hommes qui occupent les premiers rangs dans l'Etat, disposent des caisses du trésor royal, des places, des faveurs, dirigent l'administration et l'armée? Néanmoins, faisons abstraction de toutes les probabilités, et forçons la conséquence de toutes les suppositions, pour arriver à conclure que lesdits prêtres gouvernent les ministres et les hauts personnages qui entourent le monarque; que ceux-ci s'en laissent gouverner, pour *renverser la religion*, *la société et le trône* : toujours est-il incontestable qu'ils ne peuvent rien faire par eux-mêmes; auroient-ils la bonne volonté qu'on leur prête de faire le mal, ils en seroient réduits au crime in-tentionnel, si les personnes qui ont le pouvoir ne se chargeoient de l'exécuter pour eux. Mais si elles refusoient d'être leur instrument, quels moyens auraient ces Jésuites pour les y con-traindre? Aucun : alors pourquoi s'en prendre à eux? Pourquoi ne pas accuser directement ceux qui abusent (on observera que je raisonne ici par hypothèse) du pouvoir qu'ils tiennent du Roi et de notre pacte fondamental, pour tout détruire? Pourquoi vous attacher à combattre un fantôme, quand vous avez des réalités devant les yeux, contre lesquelles la lutte est autorisée? Je vais tâcher de résoudre ces questions.

M. de Marchangy, dans son fameux réquisi-toire sur le carbonarisme, ayant frappé la révo-lution au cœur, le monstre en jeta un cri de

détresse, et parut un moment atterré ; mais bientôt se relevant plus terrible que jamais, il met
à profit l'art de la ruse dont l'enfer l'a pro-
digalement doté, pour réparer sa défaite, cou-
vrir la hideuse nudité où l'illustre magistrat l'a-
vait mis, détourner de lui l'attention publique,
afin de continuer dans l'ombre son entreprise
de bouleversement universel ; mille projets plus
horribles naissent en foule dans sa tête pétrie
de sang et de boue. Un affreux instinct le porte
d'abord contre l'œuvre de Dieu et ses ministres ;
cette idée sourit au monstre révolutionnaire ; la
religion et les prêtres sont une proie digne de
cet enfant du noir Archange. Mais une diffi-
culté l'arrête : les lévites du temple du Seigneur
sont en vénération parmi nous ; le temps n'est
point encore venu d'en faire une hécatombe !
prenons, se dit-il, un chemin détourné pour
atteindre plus sûrement notre but.

Il fut jadis une société célèbre, dont les ex-
cellents principes qu'elle inculquoit à la jeunesse en faisoient de fidèles serviteurs de l'autel

et du trône ; c'est par elle que les Jacobins passèrent pour arriver à la destruction du trône et de l'autel : imitons un si bel exemple, nous obtiendrons les mêmes résultats. Soudain les ouvriers d'anarchie se mettent à créer le jésuitisme, afin de faire oublier le carbonarisme, ainsi qu'ils avoient inventé la terreur de 1815, pour qu'on se tût sur celle de 93 ; ainsi ils découvrirent le gouvernement occulte, en opposition au comité-directeur. Les phalanges libérales travaillent à qui mieux mieux à exhumer toutes les calomnies que leurs devanciers avoient débitées sur l'illustre compagnie des Jésuites, les remettent à neuf, les commentent à leur manière, et les ornent des plus noires couleurs. Mais le poison, distillé à longs flots de leur plume, n'opérant qu'à demi, il a fallu trouver un prototype pour imprimer au mensonge l'apparence de la vérité. M. de Montlosier est le porte-étendard qu'ils ont choisi, de même qu'auparavant, M. Madier de Montjou fut l'holocauste qu'ils s'immolèrent. Qui oseroit se refuser à croire aux assertions de ce vétéran du royalisme, à ce martyr de la foi monarchique et chrétienne, à cet *ultra* des *ultras?* Il faut en convenir, le choix de M. de Montlosier est une découverte heureuse : aussi son livre porte coup. Sans doute il ne faut que réfléchir pour en faire justice ; mais qui veut prendre la peine de réfléchir ? Qui veut présenter le flanc pour servir de barrière au torrent ? Les libéraux s'en sont emparés, et s'en font un trophée ; des royalistes le louent par haine pour le ministère ; d'autres sont liés à l'auteur par d'anciennes amitiés : C'est un vieillard respectable par sa naissance, ses talents, ses vertus privées ; n'abreuvons pas d'amertume, disent-ils, le reste d'une vie passée dans le malheur ; un mot bienveillant coûte peu ; et ne tire pas à conséquence · de sorte que le poison circule avec approbation d'une part, et impunité de l'autre, et la révolution gagne du terrain.

M. de Montlosier, qui a publié beaucoup d'ouvrages très-estimables, tant sous le rapport des principes que du style, n'étoit encore connu que d'un petit nombre de personnes éclairées. Sa bizarre production , intitulée *Mémoire à consulter*, qui est un tissu de paradoxes contradictoires , essayant de prouver que le blanc produit le noir, et le noir le blanc, un fade réchauffé de tout ce qui a été dit contre la religion et ses ministres depuis un siècle , est déjà à sa troisième édition : le nom de l'auteur vole de bouche en bouche ; il deviendra européen.

Les hommes simples croient peut-être que, par Jésuites, les révolutionnaires entendent désigner les membres de la société jadis vouée à l'éducation de la jeunesse : c'est une erreur dont il est instant de les désabuser. Par cette qualification, ils enveloppent dans une proscription générale tout ce qu'il y a en France de personnes attachées à la foi de leurs pères et à la monarchie légitime. Mille citations prouveroient irréfragablement que tel est le fond de leur pensée ; je me borne à renvoyer les lecteurs impartiaux à leurs furibondes philippiques ; il me suffira de rappeler l'ingénieuse distinction qu'ils établissent de Jésuites à robe courte et à robe longue : ce sera la marque pour reconnoître ceux dont ils devront se défaire, lorsqu'ils seront en mesure de mettre leurs théories en pratique ; et l'on pourra voir des athées aller à l'échafaud, accusés d'être Jésuites ou apostoliques, comme, en 93, des barbiers et des cultivateurs tomboient sous la hache du bourreau avec le titre d'aristocrates. M. de Montlosier, si Dieu lui donne vie, fera le second volume de tant d'honnêtes gens qui avoient prêté l'appui de leur nom et de leurs vertus au dévergondage philosophique du temps. M. de Malesherbes fut aussi un aristocrate, dans l'acception qu'on y attachoit alors, et un ennemi du peuple. Si la vanité blessée nous laissoit la faculté de réfléchir, nous serions épouvantés en songeant au gouffre que nous nous appliquons à creuser sous nos pas.

Au demeurant, tout n'est pas préjudice pour les Jésuites dans le *Mémoire à consulter*. Moi et bien d'autres, qui, sur la foi des révolutionnaires, avions cru que Ravaillac et Damien étoient Jésuites, que c'étoit à la suggestion de leurs confrères qu'ils assassinèrent leur Roi, nous en sommes détrompés par M. de Montlosier. Voici comme il s'exprime sur le premier : « On ne peut pas dire pleinement que ce soit par l'instigation des Jésuites que Ravaillac ait agi ; on peut dire au moins que ce fut par celle de leurs doctrines. » Cette insinuation se trouve réfutée par tout ce qu'ont dit les libéraux quand on leur a fait le même reproche à l'égard de Louvel. Pour Damien, il dit : « Sous Louis XV, quoique les Jésuites aient été soupçonnés de l'attentat de Damien, on peut dire qu'il n'y a encore que des soupçons. » Observez qu'à cette époque la secte philosophique, qui visoit à détruire cette compagnie, avoit déjà beaucoup de crédit, et n'osoit cependant hasarder que des soupçons.

Comme les disciples de Loyola furent expulsés de France avant nos troubles civils, et qu'ils y seroient revenus depuis qu'elle commence à

5.

se reposer de nos funestes dissensions , si l'écrivain que je réfute ne m'explique pas le sens du
passage suivant , je croirai qu'il a entendu parler des libéraux : « Partout , dit-il, où il y a
du mouvement, du trouble, un théâtre, on
peut être sûr de voir paroître des Jésuites; c'est
leur aliment, leur élément. Dans un pays tran-
quille, il n'y a rien à faire. » S'il a voulu es-
quisser le portrait de leurs ennemis, la ressem-
blance est frappante.

Concluons : si M. de Montlosier n'avoit pas
oublié un instant ses devoirs de bon citoyen ,
son antique amour pour la religion et pour la
famille régnante, il n'auroit vu dans le zèle
irréfléchi de quelques hommes qu'un desir
de leur part d'acquérir de l'importance, et dans
les abus qui ont pu avoir lieu , que l'effet naturel d'une imperfectibilité inséparable des choses
d'ici-bas; il s'en seroit entièrement rapporté au
Gouvernement et à la magistrature pour réprimer les écarts de ces *vertueux* et *saints* person-

nages qu'il *respecte*. Certes, il seroit fortement à desirer que tous les conspirateurs fussent si faciles à contenir!

Pour moi, jusqu'ici, ce que je vois de bien clair, de bien positif, relativement aux Jésuites et aux Congréganistes, c'est qu'ils ont puissamment contribué au retour des Bourbons sur le trône de leurs ancêtres, et à les y maintenir dans les moments de crise. Que les deux chefs de la police, sortis, au dire de certaines gens, des congrégations et du jésuitisme, ont mis fin aux conspirations (celles-là n'étoient point imaginaires) qui menaçoient de nous ramener le règne sanglant de l'anarchie, voilà des faits très-rassurants pour les véritables royalistes. Que nos adversaires s'en désespèrent, à la bonne heure; c'est un double motif pour nous en réjouir; car en aimant ce qu'ils détestent, et détestant ce qu'ils aiment, nous sommes certains de ne jamais errer, ces Messieurs ayant un instinct merveilleux pour deviner ce qui leur est utile ou nuisible.

. Je dois prévenir les royalistes qui se laissent, la plupart, entraîner dans une fausse route. Nous en sommes au même point où nous étions peu d'années avant la révolution : les perturbateurs du repos public, avec de la persévérance, en employant tour à tour l'adresse ou la duplicité, invoquant les choses sacrées ou impies, déversant l'éloge ou l'invective, parviennent à leur faire adopter tout ce qu'ils veulent.

Par exemple, une puissance voisine, jalouse d'anéantir le haut commerce, et, par suite, la marine de ses concurrents, feint d'abolir ostensiblement la traite des nègres, pour continuer à la faire clandestinement, et la fait abolir réellement chez les autres. Les libéraux, voyant en cela un germe contagieux de révolte, favorisent de leurs vœux notre rivale, sous prétexte d'humanité, eux qui ne cessent de provoquer une guerre générale, eux qui naguère applaudissoient à ces *coupes* réglées de quatre-vingt mille Français envoyés tous les ans à la bou-

cherie, en passant sur des millions de cada-
vres, et faisant couler partout des ruisseaux
de larmes. Les royalistes sont arrivés insen-
siblement à être de leur avis, pour se dis-
culper : ils ont la bonhomie de dire que les
hommes se rapprochant, les opinions se mo-
difient. Prouvez-moi donc que celles de nos
adversaires se sont jamais modifiées en rien!

Les libéraux demandent à grands cris la sanc-
tion de la révolte et de l'assassinat, qui est une
approbation anticipée des révoltes et des assas-
sinats à venir; des ministres royalistes la leur
accordent, en même temps qu'ils disposent de la
dépouille des victimes en faveur des bourreaux :
les partisans de LL. EE. les en félicitent.

Une insurrection éclate dans l'Orient, les libéraux s'emparent sur-le-champ de l'affaire; elle
leur appartient en effet. Blancs ou noirs, ido-
lâtres ou chrétiens, les rebelles passés, présents,
futurs, des deux mondes, rentrent naturellement
dans leur domaine et sous leur protection. Ceux
qu'ils appellent *barbares* n'imposent aux vain-

cus que la condition d'abjurer leur croyance, pour les admettre au bénéfice du droit commun. Eux, philantropes par excellence, ne font point de quartier aux vainqueurs; ils voudroient les contraindre à quitter une terre où reposent les ossements de leurs pères, ou les exterminer jus-, qu'au dernier. Aujourd'hui, c'est exclusivement au nom d'une religion qu'ils cherchent à faire triompher leurs principes; demain ce sera en invoquant la tolérance. Les royalistes sont et seront toujours là pour dire *amen*. Par des prétentions déraisonnables et des déclamations insensées, on a poussé un peuple malheureux à sa perte, et fermé à la pitié le cœur des souverains qui auroient voulu s'intéresser à leur sort.

La Sainte-Alliance a replacé deux fois nos Bourbons sur leur trône; on lui doit les expéditions de Naples et d'Espagne; c'est elle qui entrave les desseins des ennemis du repos public, ils l'ont en horreur; nous, nous commençons à n'en plus parler qu'avec dénigrement. Enfin, pour renverser la légitimité, il faut détruire la

religion; mais on ne peut y réussir qu'en l'atta-
quant indirectement. L'invention des Jésuites
est mise en avant; on tente tous les moyens
imaginables pour lui donner du crédit. Ces
hommes qui proclament avec tant d'emphase
que le genre humain est en marche, que rien ne
sauroit le faire rétrograder, feignent de trem-
bler à la vue de quelques prêtres. Les royalistes, d'abord surpris, regardent autour d'eux;
ils n'aperçoivent point de danger, point de
Jésuites; on insiste, ils ouvrent de grands
yeux pour y moins voir; puis ils s'écrient que
la France est peuplée de Jésuites, que tout se
fait par eux, et rien sans eux. Croyez-vous
qu'une fois pour toutes ils se corrigeront?......
Consultez le passé.

Toutes les fois qu'il s'agit d'objets relatifs aux
détails de l'administration, on peut voir des
honnêtes gens de toutes les opinions tomber
parfaitement d'accord; mais au sujet d'une affaire qui touche aux principes fondamentaux
sur lesquels repose la stabilité des monarchies

légitimes, s'il y a unité dans les vues, il faut nécessairement que l'un des deux partis se trompe. Sans préjuger lequel entend mieux ses intérêts, je ferai remarquer qu'il y a toujours unanimité de vœux parmi nos adversaires et division chez nous.

Ce vice tend sans cesse à s'aggraver. Les ministres, en s'isolant de leurs amis, ont jeté la confusion dans les rangs des légions monarchiques, et se sont privés de l'appui qui pouvoit leur donner la faculté d'opérer le bien, si toutefois il est encore possible : pour ma part, je déclare que je n'y crois plus. J'ai tort de m'obstiner à combattre pour une cause *perdue* : ce qui devroit être fait pour la sauver ne se fera point. Je desire ardemment que ma prévision soit une chimère. Avant un quart de siècle la question sera résolue.

Dans l'état actuel de la société, les dix-neuf vingtièmes de la nation seront constamment opposés à ce qui existe. On changeroit tous les mois les directeurs des affaires publiques, que

cet ordre de choses resteroit le même, si l'on
ne changeoit aussi la position de la France.
Quand Bonaparte voulut asseoir son gouvernement, il sentit la nécessité de faire de pro-
fondes incisions dans le sein du corps social ,
afin de donner une issue au venin révolutionnaire dont il étoit infecté. Après trente-cinq
années de bouleversement en tous genres, la légitimité se trouve dans la même condition ,
quoique les moyens à employer doivent être
différents.

Parmi les hommes qui composent ces dix-
neuf vingtièmes, très-peu voudroient peut-être
une révolution , et nul les horreurs qu'elle
traîne à sa suite ; cependant tous desirent des
changements qui les mettent dans le cas de se
procurer ce qui manque à leur ambition. Mais
un ou plusieurs changements successifs ne satis-
faisant jamais qu'une fraction imperceptible des
aspirants à la fortune, il faudroit toujours re-
commencer, et de changements en changements, on devine où l'on doit finir par arriver.

Le parti en possession de diriger les masses s'appuie principalement sur les classes qui, par intérêt, ont le plus de propension au mouvement : l'industrie et les arts. Par l'un, il captive cette immensité d'hommes dont les travaux communiquent la vie aux nations : ce n'est pas par goût pour telles doctrines, de préférence à toute autre, qu'ils s'en laissent séduire; c'est dans l'espoir de sortir d'un état de phthisie politique qui leur est insupportable. Que le Gouvernement s'empare de ce besoin d'activité dont la société est dominée, il la conduira à son gré dans les voies monarchiques; à défaut, elle se laissera entraîner dans la route opposée. On crée des républiques; le peuple applaudit à cette innovation, non par amour pour les républiques, mais parce qu'il croit voir en cela une occasion de satisfaire au besoin qui le tourmente : bientôt il s'aperçoit que son attente est trompée; son mécontentement s'en accroît de toute l'espérance qu'il avoit conçue. Si, au contraire, on en avoit formé des royaumes sous notre dépendance, cette activité y auroit infailliblement trouvé un débouché avantageux ; les difficultés présentes eussent été aplanies, et notre avenir étoit assuré.

Par les arts, les libéraux disposent de toutes les trompettes ; l'orateur, l'artiste, l'écrivain, n'obtiennent la célébrité qu'autant qu'il leur plaît, et il ne leur plaît qu'autant qu'on encense leur idole. Point de transactions, point d'atermoiemens ; il faut être Romain ou Carthaginois ; ils vous élèvent au Panthéon, ou vous envoient aux gémonies. Élus, chaque matin, vingt échos de la déesse aux cent bouches vous proclament des génies incomparables ; la peinture, le burin reproduisent vos traits qui vont orner les galeries et les promenades publiques : vous volez en même temps à la gloire et à la fortune. Un destin tout contraire est reservé aux orateurs, soldats, écrivains, qui ont consacré leur vie à défendre la religion et le trône légitime : se présentent-ils à ceux pour lesquels ils ont tout sacrifié, ils en sont durement repoussés, et ne vont tomber dans les bras de leurs ennemis que pour en être étouffés. Premiers agents du pouvoir royal, voilà un défaut qu'il faut se hâter de corriger !

Quel homme acceptera éternellement cet horrible partage? Quel est l'adolescent qui se décidera à parcourir une carrière où il n'y a que des épines à cueillir? A l'époque où nous vivons, celui qui a du talent ne se résout pas volontiers à croupir dans la misère ou dans l'obscurité; étant bien aise de se montrer sur la scène du monde, il se rapprochera peu à peu de ceux qui peuvent faire ou défaire les réputations : un petit service rendu par ces derniers l'obligera à la reconnoissance, et de bons offices en bons offices de leur part, de reconnoissance en reconnoissance de la sienne, il se trouvera dans le camp ennemi, sans s'être aperçu du chemin qu'il a fait. Aussi le parti libéral, malgré de nombreuses vicissitudes momentanées, doit en définitive tout envahir. Sa force, provenant du vice de l'organisation sociale, augmentera en proportion du progrès qu'il fait chaque jour. Cette force est déjà telle, que les fractions en dissidence de l'opinion royaliste s'en font tour à tour un appui, et ce n'est jamais sans lui faire des concessions, dont l'ennemi commun saura se prévaloir à propos. C'est ce qui explique la conduite équivoque de certains personnages, pourquoi tels écrits sont rédigés dans un sens qui confond la raison publique; c'est ce qui est cause que le ministère a émancipé Saint-Domingue, et n'aide point l'Espagne à soumettre ses colonies insurgées. Mais comme il ne peut long-temps contenter les exigences de ses adversaires naturels, il s'en voit promptement abandonné. Il en résulte qu'il lui est impossible de faire un mouvement en avant ou en arrière, exécuter un acte bon ou mauvais, proposer une loi utile ou désastreuse, qu'à l'instant toutes les nuances d'opinions ne se soulèvent contre lui. Dans une semblable situation, les ministres espèrent-ils pouvoir gouverner long-temps la France? Ils ont des majorités! Qu'est-ce que les majorités dans les Chambres, si tout est hostile au dehors? D'ailleurs, elles ne tarderont pas à être ouvertement attaquées; et elles le seront avec un succès égal à celui qui a couronné toutes les entreprises de ce genre de la part des libéraux. Une fois que les doctrines sont vaincues, les hommes et les choses doivent inévitablement succomber.

Que M. le président du conseil s'empresse à sortir de cet état précaire, en se ralliant aux royalistes dont il s'est imprudemment séparé, lesquels, par leurs talents et leur consistance personnelle, pourront le soutenir, et lui faire surmonter les obstacles qui l'environnent. Quand on aime sincèrement sa patrie et son Roi, le sacrifice de l'orgueil ne doit rien coûter.

9 782016 194638